AF261599

DES PRINCIPES

DU MINISTÈRE ACTUEL.

DE L'IMPRIMERIE DE DENUGON.

DES PRINCIPES

DU

MINISTÈRE ACTUEL,

EN REPONSE AUX SOIXANTE-CINQ PAGES

DE M. DE CHATEAUBRIAND;

PAR M. LE CH. PIERRUGUES,

ANCIEN INGÉNIEUR DES PONTS-ET-CHAUSSÉES.

A PARIS,

CHEZ
DENUGON, Imprimeur-Libr., rue Pot-de-Fer, n° 14;
GUILLAUME, Libraire, rue Hautefouille, n°. 14;
COLLIGNON, Libraire, au Palais-Royal, galeries de bois, n°. 237.

1818.

DES PRINCIPES

DU MINISTÈRE ACTUEL,

EN RÉPONSE

AUX SOIXANTE-CINQ PAGES

DE M. DE CHATEAUBRIAND,

Concordiâ res parvæ crescunt
discordiâ magnæ dilabuntur.

Décidé à faire aux Ministres une guerre à outrance, M. de Châteaubriand se fait précéder par un avertissement, qui, du moins, ne laisse aucun doute sur son noble et généreux dessein.

S'adressant donc au public, comme c'est l'usage en pareil cas, il le harangue à très-peu près en ces termes (1):

(1) Tout ce qui est en caractères italiques, est littéralement extrait de cette singulière préface.

1

« *C'est un usage établi au Parlement*
» *d'Angleterre, que, de temps en temps,*
» *un combat corps à corps s'engage entre*
» *l'opposition et le Ministère ; cet usage*
» *sert puissamment les libertés et les inté-*
» *rêts de la patrie.* Il est fâcheux *que les*
» *deux Chambres françaises n'admettent*
» *pas cette manière de procéder ;* mais
» comme je sais beaucoup mieux qu'elles
» ce qui convient à ma nation, en attendant
» *que cet usage s'introduise, ce qui est à*
» *désirer, j'y supplée,* et *compose ce petit*
» *écrit* à mon risque et péril; *si je suc-*
» *combe, il n'y aura d'inconvénient que*
» *pour moi.* »

Tel est ce singulier avant-propos, où un
Pair de France ne craint pas de se montrer
en *gladiateur*, et de présenter le combat
aux Ministres. Cet oubli des convenances
surprend d'autant plus de la part de M. de
Châteaubriand, qu'au rang où il est né il a
dû apprendre de bonne heure que les Français ne pardonnent pas à leurs meilleurs
écrivains de manquer d'urbanité.

Mais, au fond, le noble Pair a-t-il bien

calculé tous les effets de son plan de guerre permanente contre le Ministère? Outre l'extrême indécence de cet *usage*, ne voit-on pas qu'un pareil système dégraderait, avilirait même cette opposition si précieuse à ses yeux, en changeant tout-à-fait ce qui la constitue et peut seul la rendre utile?

Je ne sais pas trop si tourmenter les Ministres est un moyen bien efficace pour les éclairer; mais je ferai observer, 1° que l'opposition ne peut être favorable à la liberté, quand elle a lieu indistinctement et de la même manière sur toutes les choses, par cela seul que ces choses viennent des mêmes personnes; 2° que la force de l'opposition est dans la résistance, et non dans l'action; et que par conséquent il est absurde de vouloir la rendre aggressive; 3° enfin, que si on fait de l'opposition un rôle convenu d'avance contre tous les Ministres présens et à venir, elle n'est plus qu'un cadre à partis, un point de ralliement pour les mécontens de toute espèce.

Composée d'hommes qu'une passion commune rapproche, mais ne réunit pas, elle

porte le germe de toutes les dissentions et,
couvant le désordre, amène nécessairement
l'anarchie ou l'aggrandissement du pouvoir.

Et, en effet, quelle que soit l'issue d'une
telle lutte, ses résultats n'en sont pas moins
sinistres; si le Gouvernement succombe, sa
marche s'arrête, et le parti vainqueur l'en-
traîne avec lui dans les plus épouvantables
secousses. C'est ainsi que l'Assemblée de 1792
enfanta la Convention et les crimes qui en
furent le cortége. Sans doute de tels excès
ne peuvent plus se reproduire; mais la leçon
reste, et ne doit pas être perdue.

D'autre part, lorsque les Ministres l'em-
portent, le danger, beaucoup moins grand,
n'en est pas moins réel. Une opposition
vaincue peut conserver encore un très-grand
poids; mais dirigée dans le système que
M. de Châteaubriand voudrait introduire,
si ceux qui la composent substituent leurs
passions aux principes, et attaquent sans
cesse les choses en haine de ceux qui les
ont proposées; si, au lieu de la discussion
qui éclaire, ils placent partout la contradiction qui injurie, une telle opposition appel-

lerait en vain l'opinion à son aide ; l'opinion, fatiguée de ses faux avertissemens, n'entendrait plus *le canon d'alarme*. Et ne peut-il pas arriver alors que le Ministère profite de la déconsidération de ses adversaires pour augmenter son pouvoir? Sans cette secte que le noble Pair voudrait propager, sans les pamphlets dégoûtans d'une bile exaltée, comment les ministres auraient-ils pu justifier leurs lois d'exception sur la presse ?

Rien n'est donc plus dangereux pour l'Etat que ce système de guerre forcenée contre les dépositaires de l'autorité publique ; minant sourdement toutes les forces, et dénaturant toutes les résistances, il ne nous laisserait à la longue que la triste alternative de l'asservissement ou de l'anarchie.

Tels sont les dangers malheureusement trop réels auxquels le noble Pair ne craint pas néanmoins de nous exposer, en donnant à la fois le signal et l'exemple d'une attaque générale contre les Ministres... Ne vous attendez pas cependant à un examen impartial des actes du Gouvernement, ce n'est pas ainsi que la passion procède. Forcée par l'évidence, elle conviendra que *tout marche,* mais elle ajoutera que c'est là une perfidie de plus pour mieux tromper les petits esprits et *les tenir dans l'exaltation de la joie ;* que, malgré ces progrès réels vers le bien, tout n'en *est pas moins perdu si on ne change de système ;* ce qui, dans le langage convenu entre certaines personnes, ne signifie autre chose, sinon qu'il faut changer de Ministres; enfin, montrant le bout de l'oreille, on insinue que le pouvoir, *s'il ne veut rien avoir à craindre, ne doit pas écarter ses véritables amis.*

Ainsi, la faction nouvelle dévoile elle-même ses propres secrets; son ambition est de s'emparer du Ministère. Ses moyens sont de déconsidérer les Ministres, en imitant auprès de chaque parti, la chauve-souris du bon La Fontaine: et dès-lors, il est facile d'expliquer comment M. de Châteaubriand, après avoir consacré douze pages à plaindre les royalistes, caresse en passant les indépendans, pour aller montrer aux constitutionnels les titres qui l'inscrivent dans leur rang. Nous reviendrons sur ce manége du noble Pair, quand nous examinerons de plus près son mémorable pamphlet.

Après avoir ainsi intéressé à sa cause toutes les opinions belligérantes, le noble Pair n'ayant plus à faire qu'avec les Ministres, les attaque avec la grande éloquence de nos jours de délire.

Roulant de pages en pages, et répétés jusques au dégoût, les mots de *violence, manière furibonde*, cri *des assassinats, guerre aux châteaux, trahisons, perfidies*, etc., etc., viennent orner sa brochure, où l'on retrouve le vocabulaire des clubs. Le redoutable écrivain n'est jamais au-dessous de ses modèles. Sa préface est une indécence, sa discussion un cours complet d'invectives, et ses conclusions un tissu de sinistres présages, parmi lesquels on remarque celui de la destruction inévitable de la France, *lorsqu'elle sera devenue libre par la retraite des troupes étrangères;* ainsi la France n'a plus que trois ans d'existence; et si, comme on nous le fait espérer, les Ministres portent la maladresse jusques a

obtenir l'évacuation totale de notre territoire dans le cours de cette année, la session de 1818 verra finir la monarchie.

Je ne sais si les Ministres relèveront le
gant qui leur est jeté avec tant de délire.
Leur position à cet égard est assez délicate.
L'attaque, pour être ridicule, n'en est pas
moins grave. Le Gouvernement n'a pas le
droit de se laisser déconsidérer, parce que
l'opinion lui est nécessaire au-dehors comme
au-dedans; s'il se tait, on ne manquera pas,
dans quelques salons, de prendre son silence
pour une confession tacite au moins de quelques torts.

Mais d'autre part, l'opinion des hommes
sensés est la seule dont les Ministres aient
besoin. Les gens sages examineront les faits,
et, s'ils aperçoivent des améliorations réelles,
tout en plaignant M. de Châteaubriand du
cochemar qui l'oppresse, ils renverront ses
rêves figurer chez Robertson avec les autres
illusions de la fantasmagorie.

Ainsi, tout considéré, l'unique défensé
qui convienne aux Ministres, est de mieux
faire encore lorsqu'il leur sera possible.

Mais, si fatigué d'entendre sans cesse crier au danger, quelqu'un se décidait enfin à examiner de quel côté est la démence ou la sagesse, l'aveuglement ou la prévoyance, la perfidie ou la fidélité; si juste envers toutes les opinions, il ne cherchait au milieu d'elles que ce qui est vrai et surtout praticable, l'auteur d'un tel écrit, ne fût-il pas de l'opposition, la servirait encore mieux que tous les pamphlétaires; les Ministres accueilleraient sans prévention des observations qui leur seraient faites sans amertume; l'opposition recouvrerait sa force en reprenant son à-plomb; plus modérée surtout, elle éviterait le reproche qui lui a été si souvent adressé, de ne savoir éclairer qu'en allumant des incendies.

Telle est mon unique intention en publiant cet écrit. Je ne répéterai pas, avec un auteur célèbre, *et moi aussi je suis peintre;* mais je puis dire, sans paraître trop vain, et moi aussi j'ai quelque expérience, et moi aussi j'aime mon Roi, mon pays et la *Charte.*

DIVISION DE CET ÉCRIT.

M. de Châteaubriand veut prouver que le système des Ministres est *un chef-d'œuvre d'inconséquence ; qu'en commandant l'union, ils divisent ; qu'ils établissent la liberté en théorie, et l'arbitraire en pratique ; qu'isolant le pouvoir, ils font du Ministère le gardien des intérêts de l'homme en place, et non le protecteur des intérêts de tous, etc.*

Ces accusations sont sérieuses. Pour les prouver, M. de Châteaubriand examine d'abord, 1° *comment le Ministère traite les hommes et les opinions ; 2° dans quel esprit il rédige les lois ; 3° quel caractère la Chambre des Députés a pris entre ses mains.*

Il est temps de réduire à sa juste valeur ce cliquetis de mots, pour leur substituer quelques idées saines, et exprimées surtout avec un peu plus de clarté.

1°. Forcé de rétrograder avec M. de Châteaubriand jusqu'en 1815, j'examinerai donc le système des Ministres lors de cette mémorable session, et je prouverai, si je ne me trompe, que, rendant justice à la loyauté *des opinions*, ils aperçurent fort bien le moment où le plus noble zèle dont on ait jamais vu d'exemple, avait besoin pour lui-même de tempérer sa marche, afin de ne pas dépasser son but.

2°. La loi sur les élections, et les exceptions momentanées à la liberté de la presse sont, dans des partis différens, les prétextes bannaux de toutes les clameurs anti-ministérielles. J'examinerai, dans un second chapitre, comment ces dispositions naissant de la Charte elle-même, raffermissent à la fois le trône et la liberté constitutionnelle; ce qui sera, je pense, une justification suffisante de *l'esprit dans lequel ces lois ont été rédigées.*

3°. Considérant, enfin, le système ministériel dans son ensemble, je le mettrai en parallèle avec ses résultats positifs; et si, jusqu'aujourd'hui, il a fait le bien de la France, n'ayant pas, comme M. de Châteaubriand, le don de prévoir l'avenir, je conclurai, avec les bonnes gens, que la marche qui a réussi jusqu'à ce jour pourrait bien n'être pas la plus mauvaise.

CHAPITRE Ier.

De la Session de 1815.

M. de Châteaubriand reproche aux orateurs du Gouvernement de *publier quelquefois leurs discours autrement qu'ils n'ont été prononcés* ; c'est descendre à de bien petits reproches, quand on croit en avoir de si graves à faire ; mais ce fait, fût-il exact, ne prouve-t-il pas, au contraire, quelque sagesse de la part de ceux qui exercent ainsi sur eux-mêmes cette première censure? D'ailleurs, le droit de juger ceux qui *improvisent* appartient-il à tout le monde? Je ne sais si à la placé de l'orateur romain, M. de Châteaubriand n'eût pas aussi mérité l'épigramme du malheureux Milon ; mais ce qui est beaucoup moins douteux, c'est que le Pair pamphlétaire n'a pas improvisé sa brochure : ses nombreux paralogismes n'auront pas même cette excuse.

Après ce début, et un signe de protection à M. de Villèle, qui n'a besoin de personne pour se défendre, le noble Pair se hâte de nous apprendre, *que la Chambre des Députés de 1815 déplut au Ministère, qui s'était placé dans la minorité.*

M. de Châteaubriand se trompe. Chacun sait que les Ministres marchèrent d'abord dans le même sens que la Chambre des Députés : la tendance commune était vers une combinaison sage de la sévérité comme exception, et de l'indulgence comme principe conciliateur. L'accord fut parfait tant que l'on s'entendit sur les proportions à garder entre ces deux moyens; mais le zèle est comme ces fleuves qui, répandant la fertilité quand leurs eaux sont bien dirigées, deviennent dangereux s'ils franchissent leurs bords ; l'onde la plus pure peut nuire encore par un excès de vitesse ou par un épanchement mal réglé. Le ministère signala ce danger ; l'ordonnance du 5 septembre en fut le remède.

L'assemblée entière s'était séparée, sans

aucune crainte pour les *royalistes*, et surtout sans aucun ressentiment personnel contre les Ministres. Les pamphlétaires n'avaient pas encore semé les soupçons ; ils attendaient un parti qui voulût payer leurs brochures ; malheureusement il ne tarda pas à se former.

Sans doute les Ministres peuvent se tromper, et faire une fausse route ; mais de ce que la *majorité* se prononcerait contre leurs vues, il ne faudrait pas en conclure irrévocablement qu'elles sont insuffisantes ou dangereuses. L'erreur a aussi ses entrées dans les deux Chambres ; et comme, lorsqu'il s'agit d'observer, la position fait beaucoup, les présomptions sont encore en faveur de ceux qui gouvernent : on ne saisit bien l'ensemble des affaires que de leur sommet.

Il est donc raisonnable de croire que les Ministres de 1815 avaient fort bien connu la position où le royaume se trouvait alors. Ce qui renforce chaque jour cette probabilité, c'est que le parti qu'ils ont pris, loin d'avoir aggravé le sort de la

France, en a au contraire beaucoup avancé le rétablissement.

On ne juge bien d'un système que par ses effets; c'est là une des règles les plus triviales de ce bon sens, qui vaut bien l'esprit de beaucoup d'écrivains. Or je vois que, malgré les sinistres présages de M. de Châteaubriand, et de ses confrères en brochures, les mêmes Ministres donnant à l'Etat un crédit qu'il n'avait pas avant eux, ont régularisé l'administration dans toutes ses branches, acquitté une partie notable des dettes extérieures, et établi au-dedans de l'Etat un calme tellement réel, que la plupart des pamphlets tombent d'eux-mêmes sans rencontrer ni produire la moindre agitation capable de les soutenir. Déjà ils ne nuisent plus qu'aux libraires bénévoles, qui en ont avancé les frais; et le Gouvernement peut attendre sans danger le jour très-prochain où un dédain général aura fait justice de cette manie.

Après de tels résultats, il est donc bien extraordinaire d'entendre crier à la perfidie contre le Ministère, qui a su les amener. C'est en effet une bien singulière trahison que celle qui ferme chaque jour quelqu'une de nos plaies, malgré la contradiction des saisons et les embarras de la politique extérieure ; de telles absurdités peuvent-elles se présenter sous la plume d'un homme d'esprit, quelque vive que soit son imagination !

Mais s'il était vrai que le système adopté par les Ministres eût parfaitement servi la France, il faudrait alors convenir que l'ordonnance du 5 septembre fut un très-grand bien, qu'on lui doit même le salut de l'Etat, puisque sans elle, d'après M. de Châteaubriand lui-même, le Ministère *ne pouvait marcher avec la Chambre de 1815.*

L'effet très-positif de cette mesure fut de calmer beaucoup de craintes. Elle ramena à la cause commune un grand nombre d'intérêts que quelques discussions imprudentes avaient malheureusement effrayés. Une première ordonnance avait effacé les fautes ; celle-ci fut considérée comme la garantie d'une réconciliation générale entre toutes les opinions : les hommes se rapprochèrent davantage; la Chambre de 1816 se ressentit de cette fusion, et les opérations du Gouvernement devinrent plus faciles.

Le droit suprême de dissoudre la Chambre des Députés est la sauve-garde du peuple autant que celle du Gouvernement, la garantie de l'un et de l'autre contre les erreurs que celle-ci peut commettre. L'exercice de cette prérogative suppose nécessairement que la majorité est en opposition avec le ministère. Or, que dirait-elle, cette majorité, si les Ministres osaient la traiter de séditieuse? Est-il donc plus décent, est-on plus autorisé à les calomnier lorsqu'ils proposent au Roi l'exercice d'un droit légitime? Les deux Chambres sont plus intéressées qu'on ne croit à ne pas laisser déconsidérer le Ministère. Dans une constitution où tout ne subsiste que par l'équilibre, on ne peut affaiblir un pouvoir sans faire trébucher l'autre.

Comment se fait-il donc que le libelle de M. de Châteaubriand trouve encore quelques prôneurs parmi ceux qui se proclament et amis de l'ordre et de la décence publique?

2

que des *royalistes* voient sans répugnance leur nom inscrit dans un pamphlet dont le moindre vice est de contrarier les intentions du Roi ? que des hommes sensés souffrent qu'on les rallie ainsi sous le drapeau de la déraison ?

Malgré la maxime que tout est bon contre son ennemi, je doute que les partisans de M. de Châteaubriand eussent consenti à tant d'indécences, si son livre leur avait été connu avant sa publication. Mais on sait que le noble Pair n'aime pas la censure ; ses soixante-cinq pages sont lancées ; le parti tout entier en courra les risques.

C'est ainsi qu'on nuit à sa cause quand on la défend avec immodération. La passion affaiblit l'effet des meilleures raisons, et met en évidence tout le vice des mauvaises ; elle n'est donc avantageuse qu'à ceux qu'elle attaque. Une noble opposition ne permettra pas plus qu'on diffame les ministres, qu'elle ne souffrira qu'on calomnie sa résistance. Tel est le caractère qui convient à une opposition loyale ; sa force est dans sa dignité, et sa dignité dans une tenue mesurée ;

elle ne combat jamais pour des haines per-
sonnelles; et lorsque l'urne a prononcé
contre elle, elle ne fait d'autre vœu, après
sa défaite, que d'être une autre fois plus utile
à la patrie.

C'est là, si je ne me trompe, l'esprit qui
doit diriger toute minorité. L'infériorité qui
la constitue telle est déjà une probabilité
qu'elle peut se tromper; le doute est son
premier devoir; ses écueils sont l'amour-
propre et l'esprit de parti.

Que faut-il donc penser du ton hardi
avec lequel le noble Pair attaque, non des
projets de loi, mais des dispositions exis-
tantes, qui ont droit du moins à un peu
plus de respect, puisqu'elles lient jusqu'au
pouvoir qui leur donna naissance? Comment faut-il juger ses diatribes contre l'ordonnance du 5 septembre, qui n'est plus
que par ses salutaires effets? Si ces clameurs
ne sont pas le cri des factions, à quel signe
pourra-t-on le reconnaître?

En effet, c'est pour elles et pour elles toutes
seules indistinctement, que M. de Châteaubriand est entré en lice. On le voit les ca-

resser tour à tour, pour les ameuter contre le Gouvernement, et lui ôter jusqu'à la possibilité de les éteindre. Peu scrupuleux dans ses choix, il reconnaît ses soldats à leur haine contre les Ministres. Sa trompe appelle au combat, sans distinction de couleur, toutes les prétendues victimes du *système ministériel.*

Je suis, dit-il aux *constitutionnels*, un des membres les plus remarquables de votre famille ; oubliant, pour vous, le respect que je dois à mon Souverain, je l'ai menacé à Gand de *cesser d'être* son *conseiller* et *son ministre*, s'il ne maintenait *pas la constitution qu'il a donnée à son peuple* (1).

Méfiez-vous des Ministres, crie-t-il aux *indépendans*, ils *veulent vous exclure des élections* (2).

Rappelant enfin aux *royalistes* qu'ils ne sortiront jamais de leur minorité, s'ils ne détruisent incessamment la loi sur les élections, il leur montre la liberté d'écrire comme

---

(1) Pages 52 et 53.
(2) Page 27.

leur unique salut, leur dissimulant néanmoins le danger qui les attend, si par
malheur tous les écrivains deviennent *indépendans.*

C'est ainsi qu'éveillant dans chaque parti
la haine qui lui est propre, il les réunit
toutes contre le Ministère, qui, malheureusement, puisqu'il faut le dire, est trop bien
convaincu du crime impardonnable d'avoir
su en arrêter les excès; et, en effet, contenir les opinions dans de justes bornes,
n'est-ce pas les maltraiter? empêcher les
gens de s'égorger, n'est-ce pas les *détruire?*
Il est difficile de résister à une aussi puis-
sante logique.

Satisfait d'avoir si bien prouvé *comment
on traitait les opinions,* M. de Châteaubriand passe immédiatement à *son second
point.* Le noble Pair nous permettra de le
suivre, ne fût-ce que pour continuer de
rendre hommage à la justesse de ses raison-
nemens.

CHAPITRE II.

§. Ier.

De la loi sur les Élections.

M. de Châteaubriand accuse la loi actuelle sur les élections de préparer la ruine du trône, *en extirpant le royalisme, en pesant sur le ressort révolutionnaire.* Huit pages de sa brochure sont consacrées à soutenir cette étrange proposition ; mais de tout ce pathos en style interrogatif, si l'on retranche les injures et les prophéties, il ne reste que deux faits qui vaillent la peine d'être examinés.

M. de Châteaubriand cite d'abord un ou deux choix, dont on doit d'autant mieux lui abandonner la critique, qu'ils sont l'effet non de la loi elle-même, ce que démontre leur très-petit nombre, mais bien au contraire le résultat de cette exaspération que ses pamphlets, et ceux de ses consorts, avaient répandus dans toute la France.

Si l'on veut bien remarquer dans quels

départemens ces fâcheuses nominations ont été faites, on se convaincra que ce n'est point là où *les cris de guerre aux châteaux se sont fait entendre*, mais bien dans les lieux où quelques imprudens ont, au contraire, jeté dans les chaumières une inquiétude générale. Il est facile de concevoir comment un excès peut conduire à son contraire ; mais sans la réunion des royalistes d'intérêt aux royalistes pamphlétaires, sans les *cris* de quelques regrets, justes sans doute en eux-mêmes, mais inadmissibles aujourd'hui, nul choix n'aurait blessé les bienséances envers le trône.

L'inconvenance dont M. de Châteaubriand se plaint est donc la faute d'un parti, et non la faute de la loi. N'entretenez pas des craintes, et vous n'aurez pas des réactions ; ôtez les pamphlétaires, et la cause du mal aura cessé d'être.

Les plaies de la France tendent vers leur guérison ; mais, si je puis m'exprimer ainsi, l'épiderme n'est pas totalement refait ; ce corps, si long-temps et si cruellement déchiré, ne présente encore au toucher que

des points douloureux ; de-là, cette irrita-
bilité générale des amours-propres et des
intérêts tant anciens que modernes ; ils se
surveillent avec inquiétude ; et pour peu
que d'un ou d'autre côté l'on paraisse vouloir empiéter, les soupçons mal endormis
se réveillent et engendrent les factions.

Ainsi, on a vu les *royalistes*, par une
suite d'imprudence, soulever les constitutionnels, et préparer la naissance des *indépendans*.

Le fonds de cette dernière faction est com-
posé de ces relaps qui, s'étant dispersés après
le second retour du Roi, vivaient isolés et
confus de leur double pardon. Ils *n'osaient
se montrer* ; et, comme l'observe fort bien
M. de Châteaubriand lui-même, ils *sollici-
taient humblement les amis du trône*. Mais
ces amis du trône achevèrent d'aliéner, par
leur dédain, des hommes qui se jugeaient
eux-mêmes ; on leur refusa jusqu'à cette
portion d'indulgence que le Souverain leur
avait assurée ; ils s'attendaient à être oubliés ;
on fut assez impolitique pour les marquer
d'un signe public de réprobation, dont

l'effet nécessaire était de les forcer à se réunir.

Le Ministère les vit se former; et, puisqu'il faut tout dire, sans l'ordonnance du 5 septembre, qui annonça un système plus modéré, *les guerres* que naguère on avait faites aux chaumières dans quelques provinces, auraient grossi ce parti naissant; son étendard aurait été levé avec plus d'audace, et M. de Châteaubriand, qui n'emploie aujourd'hui que quelques lignes pour caresser les *indépendans*, aurait été obligé à plus de frais pour calmer leur colère.

Après une longue et sanglante révolution, lorsque les vainqueurs et les vaincus viennent se réunir sous de nouveaux erremens, les souvenirs du passé nuisent au rétablissement du calme; telle est la cause de cette morosité générale qui, chez nous, ferait prendre la nation entière pour une faction de mécontens. Cet état des esprits et des cœurs afflige le Roi et désole les bons citoyens; et cependant il dépend des royalistes de le faire cesser. Qu'ils couronnent leurs autres sacrifices par celui d'un ressentiment désormais inutile; qu'ils cessent de repousser ceux qui ne peuvent plus être que contre eux, s'ils ne sont avec eux; et les Ministres répondent de la tranquillité publique. Les mal-intentionnés tremblent toujours devant le pouvoir; et si quelqu'un d'eux osait joindre la sédition aux murmures, une main ferme saura le contenir ou le briser.

Nés des fautes commises par les royalistes, les indépendans existaient donc bien avant la loi actuelle sur les élections. Maintenant il sera aisé de prouver qu'elle sera sous peu leur tombeau, si les Français conservent quelque sagesse.

Composée d'hommes la plupart amis ou élèves de l'usurpateur, cette faction est trop bien marquée pour être désormais dangereuse; dans de semblables mains, les couleurs de l'indépendance ne séduisent personne; le peuple n'a pas oublié ce que c'est qu'une liberté à la façon de Buonaparte. A Rome, les ambitieux briguaient le tribunat lorsqu'ils désespéraient de parvenir à la dictature. La démagogie n'est qu'une tyrannie

sur le peuple par ses propres fureurs; nul
ne peut vouloir de l'esclavage avec des
troubles.

Les *indépendans* ne peuvent donc égarer
personne; leur premier essai le prouve. Ici
c'est encore M. de Châteaubriand que j'in-
voque contre lui-même; il assure que dans
les colléges électoraux de Paris, le Ministère aurait succombé sans les royalistes; en
effet, le Ministère est bien assuré de leur
concours; les vrais et loyaux serviteurs du
trône ne l'abandonneront jamais. Le Gouvernement n'a donc pas à redouter l'appa-
rition des *indépendans* aux assemblées électorales. Les royalistes seraient les premières
victimes de cette faction si elle venait à
triompher; le Ministère peut donc compter
à la fois et sur leur intérêt et sur leur conscience. Cette dernière garantie était sans
doute très-suffisante, mais, comme le dit
fort bien M. de Châteaubriand, *deux sû-
retés valent mieux qu'une.*

Il me reste à répondre à une objection
qui, tout aussi peu fondée que les précé-
dentes, vient d'un meilleur esprit; ce qui

est assez dire que M. de Châteaubriand ne l'a pas fournie.

Tout le monde sait que lorsque le Gouvernement est assis et sa marche assurée, le peuple fait ordinairement d'assez bons choix; ses besoins les plus près et de tous les jours, sont l'encouragement de son industrie, et une bonne répartition des impôts, quand la situation de l'État ne permet pas de les réduire; or, pour se faire représenter à raison de cette espèce d'intérêts, les moins éclairés ne se trompent guère; les journaux et les pamphlétaires ne réussissent pas à les égarer.

Mais quand toutes les lois organiques sont encore à être délibérées, lorsqu'il s'agit des mœurs de la nation, de sa religion, enfin de la plupart de ses droits politiques dont le principe seul lui est encore assuré, n'est-il pas à craindre que l'esprit de parti ne réussisse à inspirer des préférences dangereuses? que des *indépendans* ne pénètrent jusqu'au sein des colléges électoraux pour en égarer les suffrages?

Ces considérations, ajoute-t-on, n'ont pu

échapper aux rédacteurs de la loi. Et, dès-lors, n'eût-il pas été préférable de concentrer durant quelque temps encore l'exercice de ce précieux droit d'élire, dans les familles qui, par leurs fortunes et leurs lumières, offrent de plus fortes garanties contre toute espèce de séduction.

Il est impossible de nier la justesse de toutes ces réflexions; mais ici c'est par leur application qu'elles pèchent.

Aujourd'hui que l'instruction est beaucoup plus générale, les lumières descendues dans les ordres inférieurs y garantissent assez de connaissances, du moins pour discerner les hommes, si elles ne suffisent pas pour bien connaître les matières dont ils doivent s'occuper. D'ailleurs, sous les constitutions représentatives, la discussion publique des affaires de l'Etat répand une sorte d'éducation politique jusque dans les classes les plus infimes de la société.

Enfin, une contribution directe de trois cents francs, au taux où les terres et les personnes sont imposées parmi nous, suppose à ceux qui l'acquittent un intérêt suffisant pour vouloir de bonnes lois, et une aisance assez considérable, pour établir en leur faveur une présomption légale d'instruction et de bonnes mœurs.

Je sais aussi que, principalement dans la capitale, la taxe connue sous le nom de patente, comptant pour la quotité contributive exigée des électeurs, a grossi leur nombre d'une quantité considérable de gens à peine sortis du rang des prolétaires; mais cet inconvénient, s'il était bien grave, pourrait être aisément amendé.

Le principe de la loi ne peut donc être atteint par une anomalie si facile à faire disparaître ; les élections, loin d'être trop démocratiques , tomberaient nécessairement dans l'excès contraire, si elles étaient exclusivement confiées aux grands propriétaires.

Aujourd'hui que les rangs sont devenus moins inégaux, la richesse a acquis une si grande prépondérance, qu'il serait plus dangereux que jamais de concentrer le droit de suffrage parmi ceux qui possèdent le plus de ce redoutable pouvoir; le peuple perdrait alors par le fait la seule prérogative qui puisse le défendre. La Chambre des Députés deviendrait aristocratique.

Dégagés de tous frais, les revenus territoriaux du royaume sont d'environ seize cents millions, qui, au denier vingt-cinq, indiquent un capital de quarante milliards. Or, cette immense valeur n'aurait presque pas été représentée aux collèges électoraux, pour peu que le taux contributif qui y donne entrée eût été plus élevé : chacun sait que les terres, dans presque toutes les provinces, sont beaucoup plus divisées qu'elles ne l'étaient il y a trente ans. Il fallait nécessairement se rapporter à cette circonstance; mais, d'autre part, donner aux plus petites taxes le droit de suffrage, était tomber dans la multitude : éviter ces deux extrêmes fut d'un très-bon esprit.

La loi sur les élections est donc tout ce qu'elle devait être, elle *balance l'action populaire*, mais ne livre pas la France à l'unique *patronage* des *grands dignitaires*.

M. de Châteaubriand, qui raisonne toujours avec une extrême profondeur, nous annonce que cette loi *finira par amener dans la Chambre des Députés une majorité d'indépendans ou de royalistes ;* c'est-à-dire, en d'autres termes, la destruction ou le maintien de l'ordre. Quelques pages auparavant, il avait déclaré le trône irrévocablement perdu ; maintenant il lui laisse du moins une chance : examinons si elle sera favorable à la Monarchie.

Nul doute que le choix des députés étant à la merci des assemblées électorales, ne se ressente de l'esprit qui les aura dirigées ; si les électeurs sont royalistes, les élus le seront nécessairement : cette question ainsi généralisée ne souffre plus d'alternative ; car il est évident que c'est précisément dans cette classe de 3oo fr. et au-dessus qu'est l'immense majorité des vrais royalistes.

Au sommet de cette échelle sont les grandes fortunes immobiliaires ; or il est inutile de dire que les indépendans ne peuvent être très-nombreux parmi les riches, y compris même ceux de la révolution. Celui qui possède beaucoup dans un ordre de choses, n'a rien à gagnér, et peut beaucoup perdre, à les laisser renverser, le noble pair nous l'a dit, ils sont intéressés *à étouffer les germes du républicanisme.* On peut donc avoir foi en eux, *ainsi qu'au patronage des hauts dignitaires.*

Les grandes propriétés sont aujourd'hui bien moins nombreuses qu'autrefois; l'institution des majorats, en rétablissant les substitutions perpétuelles, tend à faire des grands tenanciers un corps séparé des autres propriétaires, un nouvel ordre aristocratique.

C'est dans le reste de la classe électorale qu'on retrouve les véritables fondemens de la monarchie; là sont 1°. les négocians et les gens à industrie, qui n'aiment pas ceux qui brûlent les manufactures et soulèvent les ateliers; 2°. les gens à grands traitemens, qui, honneur à part, se décideront difficilement à les compromettre ; 3°. enfin la masse des hommes raisonnables, et principalement *ces royalistes* que M. de Châteaubriand nous peint *tout nus, et dépouillés comme des vaincus.* C'est ici le lieu de ven-

ger, non le Ministère, mais la vérité outra-
gée avec lui par cette étrange assertion.

Nul ne vénère plus que moi les généreuses
victimes du plus noble dévouement; si quel-
ques-unes souffrent encore, leur noble pau-
vreté se respecte trop pour descendre à des
plaintes calomnieuses.

Mais n'est-il pas vrai que, cédant à des
circonstances sans doute impérieuses, un
grand nombre d'émigrés est rentré à temps
pour revendiquer les biens que leur fidélité
avait exposés; d'autres n'ont-ils pas acquis
sous des drapeaux ennemis dè leurs principes, mais avec lesquels ils avaient tran-
sigé, bien plus qu'il ne leur faut pour figurer
dans les assemblées électorales? Nul d'eux
n'a-t-il rencontré, parmi les possesseurs de
ses biens, des acquéréurs timorés et prêts à
toutes compositions? Il n'est peut-être aucun
village, aucun hameau de la France, où l'on
ne retrouve de semblables exemples.

Tous les amis de la royauté ne sont donc
pas réduits à la classe des prolétaires; la plupart d'entre eux possèdent bien plus qu'il
ne faut pour être inscrits au rang des fa-

milles électorales; et, certes, ils ne donne-
ront pas leur voix aux *indépendans*, qu'ils
savent héritiers de tous les principes et de
tous les désirs des premiers révolutionnaires.

Quant à ces royalistes rentrés ou demeu-
rés *tout nus*, s'il en existe encore, est-ce au
Ministère qu'il faut reprocher leur pau-
vreté? Avait-il les moyens de soulager tous
les maux, de vêtir *toutes les nudités*? N'a-
t-on pas, au contraire, abusé de ses dispositions en leur faveur, pour l'entraîner quelquefois jusques à l'injustice?

M. de Châteaubriand ne peut ignorer
qu'en 1815, dans la capitale, comme dans
la moindre commune, les places lucratives
ont été pour les *royalistes;* que des épurations nombreuses ont fait, au bénéfice de
ces *vainqueurs*, d'autres malheureux, con-
damnés souvent avec beaucoup de légèreté;
et certes, s'il peut rester quelques regrets
au Ministère, c'est d'avoir, au préjudice de
beaucoup de vétérans, récompensé des services très-nouveaux, si toutefois ils sont réels,
et traité en *vainqueurs* des hommes dont la

plupart n'ont paru qu'après le combat, pour se jeter sur les dépouilles des vaincus.

Les royalistes ne peuvent donc qu'être en très-grande majorité, dans les collèges électoraux, s'ils continuent de s'y rendre; ils ne s'en retireront pas, QUAND MÊME *leur dévouement serait mal apprécié*, parce qu'il est un devoir, et que les honnêtes gens entendent toujours le cri de leur conscience. Ils ne s'en retireront pas, *fussent-ils fatigués de cette lutte*, parce que leur sort dépend de son issue.

M. de Châteaubriand, lui-même, sera là pour les presser; car, que deviendraient ses dignités, son commerce en pamphlets, lui-même, peut-être, *si les indépendans obtenaient un triomphe complet ?* C'est alors que le noble pair et ses consorts seraient bien autrement *traités en vaincus*. Ils retourneraient *tout nus* recueillir les fruits amers de leur déplorable faute.

Mais en supposant, avec lui, assez de démence aux royalistes pour déserter leur propre cause, la loi serait encore exempte de reproche; le Gouvernement n'a pu pen-

ser que ceux pour qui elle était faite, abandonneraient le champ de bataille à leurs
ennemis; que ceux qui ont créé une faction
rébelle par leur imprudence, la laisseraient
triompher par leur incurie ou leur lâcheté;
il gémirait alors d'avoir eu à gouverner un
peuple qui ne sait ni s'abstenir de grandes
fautes, ni se prêter à les réparer.

§ II.

De la liberté de la presse.

Beaucoup de peuples ont été libres avant
l'invention de l'imprimerie, et ceux des
orientaux qui la possèdent depuis si long-
temps, sont encore esclaves; en Europe,
même, où cet art est presque aussi commun
que l'écriture, il est encore plusieurs Etats
sous le joug le plus arbitraire.

L'imprimerie n'a donc pas influé sur la
liberté des nations, autant que l'on voudrait
bien le dire. L'unique avantage de cet art est
de faciliter le développement des lumières;
or il n'en faut pas beaucoup pour sentir
le poids de ses chaînes, et désirer de s'en

alléger. L'amour de l'indépendance n'a pas besoin d'être inspiré.

Ennemi de tous les sophismes, je me garderai bien de répéter que les lettres favorisent le pouvoir arbitraire; en éclairant ses menées, en dévoilant sa marche, elles ont rendu de très-grands services à la cause des peuples; mais livrées à elles-mêmes, elles ont toujours succombé avec eux sous le poids du despotisme.

Les Grecs et les Romains perdirent leur liberté précisément à l'époque la plus brillante de leur littérature. La métaphysique de M. Benjamin Constant a été impuissante contre Bonaparte, tandis que les Américains savaient à peine lire quand ils ont recouvré leur indépendance.

La force réelle du peuple est bien plus dans sa fortune que dans ses connaissances politiques. A cette époque où, respectées encore par la hache, les antiques forêts des Druides couvraient la moitié de la France; lorsque, sans industrie ni commerce, le royaume ne renfermait, dans son sein, que quelques grands seigneurs gouvernant des

troupeaux de serfs; avant que la dynastie
régnante eût établi les communes, en vain
M. Benjamin Constant, s'il eût existé alors,
aurait crié à des malheureux, *d'associer à
ses efforts toutes les puissances de leur
sympathie et de leurs vœux;* de chétifs
esclaves, eussent-ils compris quelque chose
à ce galimathias, auraient été sans moyen
pour secouer le joug.

Mais dès que, par les efforts successifs du
trône, la propriété eût été universellement
établie, on vit le tiers-état, enrichi par ses
rapides profits, racheter peu à peu toutes ses
servitudes. Tandis que la noblesse s'appau-
vrissait par un luxe effréné, ceux qu'on nom-
mait alors les roturiers, achetaient ses do-
maines; deux siècles leur suffirent pour ac-
quérir les trois cinquièmes du territoire du
royaume; possesseurs en outre d'un immense
industrie, et riches ensemble de plus de cin-
quante milliards, ils se résolurent enfin à faire
disparaître jusques aux dernières traces des
privilèges qui les offusquaient.

Mais moins prépondérant en France, le
haut tiers, malgré *la propagation des lu-*

mières, n'aurait pas osé engager le combat. Quant aux gens du peuple, ce n'est pas en *les éclàirant* qu'on est parvenu à les soulever, mais bien en les égarant par des pamphlets incendiaires; ce fut là le premier essai de la *liberté des journaux;* et certes il n'est pas fait pour rassurer sur ses fruits à venir.

Les écrivains du dix-huitième siècle avaient donc trouvé la révolution décidée, et les nouveaux principes tout faits ; ils étaient nés d'un amour-propre puissant de richesses et impatient de toute infériorité; si leurs ouvrages hâtèrent l'explosion, le produit de *leurs lumières* doit avoir satisfait les plus chauds partisans du peuple. L'intérêt de ce dernier, est qu'on le laisse jouir en paix de sa victoire.

Avant la révolution, il existait, entre le trône et lui, deux ordres d'une très-grande influence ; aujourd'hui la nation ne compte d'autres intermédiaires que ses propres députés; leur immense pouvoir ne consiste en rien moins qu'au triple droit de refuser les lois qui lui paraissent nuisibles, proposer celles qui lui paraissent convenables, et

porter au pied du trône, avec toute la prépondérance de leurs hautes fonctions, la
moindre plainte du particulier le plus obs-
cur, contre les injustices ministérielles. Der-
rière de telles garanties où est le grand
avantage de ces journaux, qui ont tant de
besoin eux-mêmes de donner caution de leur
sagesse?

Telles sont les réflexions qui se présen-
tent d'elles-mêmes à tous les hommes sans
passion; ils pensent encore que la possibilité de quelques abus obscurs serait moins
dangereuse qu'un état perpétuel d'attaque
contre les dépositaires du pouvoir, qu'une
discussion permanente dans toutes les im-
primeries de l'Etat. La liberté de la presse
est comme les arsenaux, où amis et ennemis
peuvent aller prendre des armes; or un tel
établissement paraîtra toujours étrange à
ceux qui doutent encore qu'à jour nommé
la modération, l'amour de la paix, la justesse des vues, et l'impartialité des discussions, rentreront dans tous les partis, et ren-
dront sages et bénins jusques aux pamphlétaires.

Puisse cette espérance du noble rapporteur de la Chambre des Pairs n'être pas trompée! Mais en attendant, soit que la législature prochaine maintienne contre les journaux la censure ministérielle, ou juge à propos de la faire cesser, il n'est pas moins important qu'on en reconnaisse le principe d'une manière solennelle, afin que, si de nouveaux dangers la rendaient encore une fois nécessaire, on ne vît pas renaître le scandale dont nous venons d'être les témoins.

La calomnie est la sape des révolutionnaires; leur tactique est d'avilir d'abord le pouvoir, pour le détruire ensuite avec plus de facilité, lorsque l'opinion, cette base de toutes les solidités politiques, aura cessé de le soutenir.

Mais ce système de diffamation serait inexécutable sans ces écrivains dégradés, qui, vendus à toutes les factions et vivans du poison qu'ils répandent, érigent leur prostitution en profession publique, et prennent avec impudeur l'agence générale des haines et des agitations populaires.

Telle est l'origine de cette puissance des

journalistes, auxiliaires nés des *indépendans,*
mais qu'on ne peut s'accoutumer à voir si
chaudement défendus par *quelques royalistes.* Ah ! si ces derniers sont réellement
les amis du trône, qu'ils relisent, s'ils en
ont le courage, les journaux du mois de
janvier 1793 ! S'ils ne frémissent pas de leur
imprudente apologie en faveur des folliculaires, ma discussion sera désormais inutile,
ma voix ne serait plus entendue.

Les trois pouvoirs sont également intéressés à ce que les feuilles périodiques ne
soient pas livrées à elles-mêmes ; mais c'est
surtout à la deuxième Chambre que leur
licence serait principalement funeste.

Disposant de toutes les forces publiques,
le trône possède en lui-même une puissance
de fait ; la Chambre des Pairs a toute la
prépondérance que donnent un haut rang
et des dignités héréditaires, mais l'unique
soutien de la Chambre des Députés est dans
l'opinion publique ; or si elle se laisse cor-
rompre par les journaux et les pamphlétaires, bientôt accusée de versatilité, de
faiblesse, d'ineptie même, elle perdra

toute son influénce; ses résistances les plus sages aux projets ministériels seront considérées comme des actes d'inquiétude; si elle vote avec les Ministres, un autre genre de calomnie viendra l'assaillir; les élections suivantes porteront alors dans son sein des élémens hétérogènes; partagée enfin en plusieurs parties, loin d'être l'appui du peuple, elle en deviendra le scandale.

C'est en avilissant la législature de 1792, que les journaux la discréditèrent, au point de la faire elle-même se dissoudre; les *indépendans* d'alors s'emparèrent des élections, et la convention vint ensanglanter la France.

. Telle fut l'œuvre à laquelle les journalistes concourent si puissamment. On sait quelle scène ils ouvrirent; leurs moyens sont encore les mêmes. Je crois leurs intentions un peu plus sages; mais les indépendans établissent des caisses destinées à payer les amendes que leurs écrivains pourront encourir; des collectes ont lieu pour soudoyer les plumes qui voudront se vendre. Lorsque de telles menées sont connues, les deux Chambres peuvent-elles s'endormir sur les bords du précipice?

Les Ministres n'ont donc pas eu tant de tort, lorsqu'ils ont persisté à vouloir réfréner les journalistes.

Quant à la *constitutionnalité* de ces lois restrictives si hautement inculpées, on la trouve 1°. dans l'article 14 de la Charte qui, en obligeant les Rois eux-mêmes d'en jurer l'observation, leur impose le devoir de la défendre contre tout ce qui tendrait à la renverser. Chez les simples sujets, ce serment n'impose qu'une obéissance passive; mais pour les trois pouvoirs, il est une obligation d'agir.

2°. On la trouvera encore cette constitutionnalité, dans le sens commun, exprimé par cet adage si connu, *que qui veut la fin, veut aussi les moyens.*

3°. Elle réside enfin dans cette maxime de droit public, rendue par Blakstone avec une clarté qui ne laisse aucun équivoque :

« *La liberté*, dit-il, *est le patrimoine des sages ; ceux qui l'ont compromise une fois n'ont plus le droit de l'invoquer toute en-*

tière. » Ainsi la loi prend des précautions
contre ceux qui ont déjà donné des preuves
de fureur ou de démence, et retient l'administration de leurs propres biens, jusqu'à
ce qu'elle soit bien assurée de leur retour
au bon sens.

Mais les restrictions apportées à la liberté
des journaux, ne sont autre chose que l'application de toutes ces règles de droit public
et privé; le principe en est dans l'essence
même de l'ordre social, qui ne saurait sub-
sister sans cette garantie fondamentale.

Il est donc certain qu'on peut, sans blesser
la Charte, établir une censure même permanente sur les journaux politiques, et surtout quotidiens; les doutes ne peuvent jamais
s'élever que sur le fait, et la Chambre des
Députés est là précisément pour examiner
si les Ministres n'ont pas faussement pris
l'alarme.

Les mesures restrictives contre les journalistes en gênent sans doute quelques-uns;
mais leur *liberté* n'est pas celle du peuple,
ils recouvreront leur indépendance quand
ils seront devenus plus modérés et plus cir-

conspects. En attendant, ce serait renverser toutes les idées reçues que de présenter les précautions prises contre les ex-
travagances des folliculaires, comme des
actes de despotisme. Les Petites-Maisons ne
sont pas des Bastilles.

CHAPITRE III.

Du système des Ministres considéré dans ses résultats.

On est tenté, dit M. de Châteaubriand,
*de regarder l'existence du Ministrèe comme
un phénomène.* Le noble pair ne conçoit
pas comment les Ministres, *ne se rattachant
ni à l'opinion royaliste ni à l'opinion indé-
pendante,* peuvent se soutenir aussi long-
temps; mais, puisqu'à son grand regret, ils
ne s'en maintiennent pas moins, il faut bien
qu'ils aient trouvé un appui beaucoup plus
puissant; c'est celui du peuple lui-même.

Malheur aux Gouvernemens qui ne s'é-
tayent que sur l'esprit de parti! Semblable à
la chemise de Nessus, cet esprit fatal brûle
tous ceux qui s'en revêtent. Régner à l'aide

d'une faction, c'est s'en rendre l'esclave pour périr sous ses coups si on cesse de la servir, ou tomber avec elle si elle succombe.

Le Ministère avait trop de sagesse pour. se placer dans cette alternative. Marchant avec fermeté entre les deux opinions ennemies, il les a réduites à se déconsidérer elles-mêmes, par la monstrueuse alliance dont elles ont donné le scandale.

Depuis long-temps les Français sont revenus de leurs exagérations; victimes de toutes les luttes entre le pouvoir et la liberté; payant toujours les frais de la guerre, quel que soit le vainqueur, ils ne veulent plus de ces oppositions permanentes, de ce système perpétuel d'attaque qui jette sur toutes les lois une incertitude alarmante : telle est la faction la plus nombreuse en France; c'est elle qui soutient les Ministres, parce qu'elle les voit contenir, avec un succès égal, l'aveuglement d'une opinion, et la licence de l'autre.

Loin d'être isolé de la nation, le Ministère se l'attache toujours davantage. M. de Châteaubriand convient même *qu'il fait il-*

lusion à l'Europe. Heureux donc ce prestige qui force des vainqueurs à marquer aux vaincus la plus grande considération; qui nous fait respecter sans armée et sans flottes, et par la seule attitude donnée au Gouvernement; qui nous conserve, dans les autres cabinets, assez de prépondérance pour protéger nos alliés menacés par les projets même des puissances qui tiennent nos places! En imposer ainsi à l'Europe, suppose quelque habileté. Les *ultra* de l'un ou l'autre bord, auraient-ils mieux servi la patrie par leur *réalité?*

Tel est donc au dehors l'effet de ce système imaginé, à ce que nous apprend le noble pair, *par une trentaine d'hommes qui s'arrangèrent pour renfermer l'autorité dans leur petit cercle.* Cette conspiration, du moins, n'a pas ramené sur nous toutes les forces étrangères. Pénétrés des volontés du Roi, les *trente tyrans* de la France l'ont au contraire soulagée d'une portion notable de ses garnisaires; et cette modération, nous la devons surtout aux principes que le Ministere a développés.

4

L'esprit d'indépendance est aujourdhui le vertige de tous les peuples; leurs rois n'ont pas oublié que c'est à la France qu'on doit cette funeste inoculation. Ils savent fort bien que le moment de la liberté générale est venu, et l'exemple de la France les effraie. Leur intention est donc de se mettre à la tête d'une révolution devenue inévitable, pour en graduer la marche, et garantir leurs sujets de leurs propres excès. Un tel mouvement ne peut se régler, avec quelque sagesse, que dans le calme le plus profond; et une nouvelle révolution des Français eût incendié, de rechef, toute l'Europe. Les souverains ne voyaient donc pas, sans inquiétude, une nouvelle lutte s'ouvrir chez nous, entre les auteurs et les victimes de nos premiers troubles. Ils auraient plutôt partagé la France que de la laisser de nouveau s'insurger; de là, cette main de fer qui pesa sur nous jusqu'à l'époque du 5 septembre 1815.

Mais dès que les étrangers nous virent revenir à un système plus modérateur; lorsqu'ils virent nos troupes licenciées se retirer avec résignation; une tolérance bien enten-

due calmer toutes les inquiétudes religieuses,
et les droits nouveaux se confondre avec les
anciens, sous une protection commune, nos
voisins, devenus plus confians, se rapprochèrent alors de nous, et notre calme in-
térieur nous ramena l'opinion des autres
peuples.

Ainsi, loin *d'inspirer des craintes aux
rois*, le système ministériel les a entière-
ment dissipées, et si elles se réveillent aujourd'hui, il ne faudrait en accuser que les
clameurs imprudentes de ceux qui soufflent
encore la discorde en criant aux *royalistes*,
qu'ils sont traités en vaincus, et en enga-
geant les *indépendans* à reprendre leurs
brandons.

Eh! quel serait notre sort, si de nouveaux
troubles remettaient encore une fois en question la forme de notre Gouvernement! Un
changement quelconque dans le régime in-
térieur d'un Etat, en amène nécessairement
dans ses rapports avec les autres puissances;
il crée de nouveaux intérêts, souvent très-
difficiles à régler; les plus forts prennent des
gages, et finissent par les garder. Il n'y a

pas d'alliance durable, pas de traités sur lesquels on puisse compter avec une nation
dont l'esprit change à chacune de ses légis-
latures; ne pouvant faire fonds sur elle, on
s'en assure en la dépouillant presque entière-
ment. De semblables dangers menacent tous
les peuples qui ne savent pas mettre un terme
à leur révolution; de là vient la nécessité, à
l'issue des troubles, de contenir les ressentimens les plus légitimes, et surtout de ne pas
pardonner à demi. En matière d'État, les
amnisties manquent leur but, lorsqu'après
avoir accordé le pardon, on en laisse subsis-
ter l'empreinte.

Les Ministres sentirent de bonne heure
la nécessité de faire cesser toutes ces fâcheuses distinctions. La part de la sévérité
avait été faite.....; l'indulgence seule fut infi-
nie; les Ministres de 1816 ne virent plus,
dans tous les sujets du Roi, que les enfans
d'un même père; les épurations ne rédui-
sirent plus à la mendicité des familles nombreuses, pour des fautes déjà pardonnées à
leurs chefs; les inquisitions cessèrent, les
services recommencèrent à compter, une

fusion salutaire s'opéra dans tout le royaume; les seuls mécontens du système actuel, sont quelques ambitieux déçus de leurs projets, un petit nombre d'hommes retranchés dans leurs principes, enfin ceux qui ne trouvent bien que ce qu'on fait par eux ou leurs amis.

Tandis que les exaspérations se calmaient de toutes parts, la Chambre des députés arrivant graduellement au système des Ministres, leur donna, en 1816, une majorité nombreuse; l'opposition vit éclaircir ses rangs; et si, dans la session actuelle, les opinions, plus divergentes, ont formé deux minorités; si, par un rapprochement fait pour étonner, les deux oppositions ont pu voter ensemble sur quelques points, c'est, qu'entre autres choses, la coërcition des journaux, contrariant également leurs desseins, quoique opposés, elles ont dû se réunir pour revendiquer l'arme dont elles croient avoir besoin. C'est ainsi que raisonnent tous les partis. Peu prévoyans sur l'avenir, ils ne suivent que la passion du moment.

Avant que les exagérations du noble pair et de ses consorts, eussent créé les indépendans, la Chambre ne renfermant que deux opinions, ne pouvait se diviser qu'en deux parties; mais si, comme je l'ai prouvé dans le second chapitre, les indépendans sont l'œuvre des *royalistes ;* si ces derniers ont introduit eux-mêmes ce nouveau germe de division; si, par une maladroite compression d'une faction presque éteinte, ils ont fait jaillir ce qui restait encore de l'esprit révolutionnaire, de bonne foi peut-on le reprocher aux Ministres?

, *Les minorités royalistes,* ajoute M. de Châteaubriand, *sont contre nature ;* mais les royalistes sont-ils infaillibles? Et s'ils se trompent, faut-il se ranger de leur avis, au hasard de tout perdre ?

Les vrais amis du trône se reconnaissent à la sagesse de leur discussion, à leurs égards pour le Ministère dans ses fonctions publiques; à la décence de leur style, qui doit toujours répondre à la noblesse de leur cause, à leur généreux dédain pour les pamphlétaires, dont ils se gardent bien de grossir le nombre. Celui qui garde scrupuleusement toutes ces convenances, peut être de la minorité pendant toute sa vie ; on pourra se méfier de son jugement ; mais, à coup sûr, on ne suspectera pas son royalisme.

On accuse aussi les Ministres d'avoir fait deux choses de la royauté et des royalistes ; cette distinction de leur part prouve qu'ils ne sont pas les dupes des couleurs et des titres que prennent les partis. Les anti-ministériels du pénultième siècle, se disaient *royalistes;* c'est sous un drapeau blanc qu'ils se rallièrent contre le choix de leur maître.

Mais cette tactique est trop usée pour être désormais dangereuse ; elle ne soulèvera, n'armera surtout personne ; les parisiens se rappellent trop bien *du régiment de Corinthe.* Les Gondy d'aujourd'hui n'ont d'autre arsenal que la liberté de la presse ; d'autres soldats que quelques pamphlétaires; la fronde moderne n'est que la caricature de l'ancienne.

Les factions de toute espèce ont chacune leur protocole qui indique à leurs partisans, jusques aux expressions dont ils doivent se servir pour calomnier à l'unisson; ils n'ont à changer que les noms et les dates.

Ce formulaire pour tous les temps, et contre tous les ministres, est *qu'ils protègent les intérêts des hommes en place, et non les intérêts de tous : qu'ils sacrifient le trône à l'agrandissement de leur pouvoir ; que pour mieux tromper le Prince, ils écartent de ses conseils ceux qui auraient le courage de lui faire connaître la vérité..........;* c'est toujours dans les mêmes termes que depuis le cardinal d'Amboise on a, sous les meilleurs Rois, attaqué les meilleurs ministres, qui n'ont répondu aux Châteaubriands de leur temps, qu'en continuant de bien servir à la fois la *royauté* et la France.

Le même esprit arma les grands contre Richelieu, et les indépendans d'alors contre Mazarin. Ces hommes-d'état n'en continuèrent pas moins leur système, et la France impartiale les a jugés sur leurs œuvres et non d'après les clameurs de leurs contemporains. Lorsque des Ministres, si je puis m'exprimer ainsi, sont encore en marche, leur système n'ayant pas reçu tout son développement, les gens sages se gardent bien de le juger définitivement ; ils attendent, pour établir leur opinion, un plus grand nombre de résultats.

Ainsi le même esprit de réserve qui interdit de louer trop tôt les Ministres, condamne non moins sévèrement ces critiques amères, appuyées, faute d'autres soutiens, sur des prédictions qui, toujours imprudentes, pourraient passer pour séditieuses, si elles n'étaient ridicules.

Mais puisque, prématurément ou non, les Ministres sont traduits devant l'opinion publique; membre tout comme un autre de ce redoutable jury, je n'ai pas dû prendre l'accusation du noble pair, pour une preuve complète. Assis avec ceux qui ne sont ni *frondeurs*, ni *enthousiastes*, j'ai recherché les faits et examiné les résultats.

Si je jette un coup-d'œil sur nos soldats émérites, j'aperçois, tout d'un coup, *qu'il n'y a plus de Loire*. Les vieux régimens subirent, en 1815, avec résignation, un licenciement dont ils sentaient eux-mêmes la rigoureuse convenance. Ces vieilles bandes, en emportant leur pardon dans leurs chaumières, ont laissé en échange, autour du trône, trente ans d'une gloire qui en imposera long-temps, et des milliers de drapeaux qui rappelleront sans cesse à l'Europe, sur laquelle ils furent conquis, tout ce qu'elle aurait à redouter, si elle abusait de sa victoire.

Parmi les causes de la révolte de 1815, l'histoire ne manquera pas de remarquer la conduite impolitique de quelques hommes qui, sans faire attention à leur faiblesse numérique, repoussèrent avec imprudence des braves la plupart nés depuis la révolution, et par conséquent innocens de ce crime primitif. Ils humilièrent, maladroitement, puisqu'il faut le dire, une armée que d'autres avaient vaincue pour eux, et qui se rappelait sans cesse la parole sublime qui lui fut donnée en gage. En effet, il est plus que probable, que si, à la voix des Princes, tous les ressentimens avaient été laissés sur la frontière, l'armée n'aurait vu à son tour, dans les victimes d'un douloureux exil, *que quelques français de plus.*

C'est une maxime aussi vieille que le monde, qu'il ne faut jamais exaspérer un ennemi qu'on n'est pas assez fort pour abattre d'un seul coup. La faute contraire fit toute la force des conspirateurs de 1815.

La leçon était trop récente et surtout trop cruelle pour que les Ministres n'en profitassent pas ; le licenciement s'est opéré sans secousses ; des égards, accompagnés de secours réels, défendent aujourd'hui nos soldats mutilés, de la misère, et surtout de l'humiliation qu'ils redoutent bien plus encore. On a vu, l'année dernière, avec quel dévouement les officiers retraités et ceux à la demi-solde se sont prêtés à réprimer les séditieux *de toutes les opinions.* Cette phalange est devenue *royale*, parce qu'on lui a rendu l'honneur. Disséminée aujourd'hui dans les campagnes et dans les ateliers, elle entretient parmi le peuple le véritable esprit militaire ; la plupart de ces vétérans de tout âge sont retournés à des occupations plus paisibles : c'est au milieu de leurs familles ou à la tête de leurs ouvriers qu'avec la plus noble franchise ils répètent à ceux qui vont les remplacer sous les drapeaux : Méfiez-vous de toutes les factions ; faites comme nous quand vous serez sur le champ de bataille, mais que ce soit pour une meil-leure cause.

Je n'ai insisté sur l'esprit actuel de cette ancienne armée, que parce qu'elle est encore le faux espoir d'un petit nombre de mécontens ; mais que les *indépendans* cessent de compter sur elle ; ennemie de tous les excès, elle n'en servira aucun, dût-elle aussi être accusée d'être ministérielle.

La paisible récïpiscence de deux cent mille hommes, renvoyés sans troubles dans leurs foyers, est un fait politique trop remarquable pour n'en pas laisser l'honneur à ceux qui ont su l'amener. Après les longs troubles d'Espagne et la révolution d'Angleterre, il fallut vendre ou louer des troupes devenues dangereuses, ou les envoyer au loin se consommer elles-mêmes dans de nouveaux hasards.

Ici une armée formidable en nombre et en bravoure, accoutumée à toutes les jouissances de la victoire, vaincue, mais non défaite, se disloque en trois mois à la voix des chefs, et retourne sans violence et presque sans murmures, reprendre les travaux pénibles, le rang-obscur, et toutes les privations de la classe dont elle était sortie.

Nul doute que le bon esprit des Français n'ait eu une très-grande part à ce phénomène encore sans exemple ; mais le Gouvernement qui a su connaître le caractère national, et le diriger avec tant de succès, n'est pas sans quelque droit à l'estime publique. Le système qui a produit ce résultat n'est pas aussi inepte, et surtout aussi dangereux que les exagérés de toutes les classes ont voulu le prétendre. Les *royalistes* auraient-ils contenu deux cents bataillons armés avec la *liberté de la presse ?* Les *indépendans* les auraient-ils amenés à tant de douloureux sacrifices, en leur montrant une troisième révolution comme l'unique moyen de recouvrer leur prépondérance ?

Ce licenciement, presque miraculeux, suffirait seul pour honorer à jamais un Ministère ; mais quant à la suite de cette opération fondamentale, on nous voit considérés au-dehors et calmes au-dedans ; quand nos effets publics haussent chaque jour, malgré le désavantage de notre balance avec les étrangers et les chances fâcheuses de notre commerce extérieur, il est difficile de croire que les Ministres s'égarent ; l'apologie de leurs principes est tout simplement dans les résultats qu'ils ont obtenus.

Maintenant soupçonne-t-on le Ministère français d'être *républicain?* Qu'on interroge ceux qui lui font un crime, à chaque session des Chambres, de soutenir avec trop d'ardeur les prérogatives royales.

Voulez-vous savoir si les Ministres sont *révolutionnaires?* écoutez les reproches des *indépendans*, et jugez.

Enfin, est-il vrai que le Gouvernement cherche à atténuer les droits du peuple, et à les ramener sous le pouvoir absolu? Qu'on ouvre *la loi sur les élections* et le *projet d'avancement dans l'armée.*

Entre ces accusations qui se détruisent réciproquement, que sont donc ces Ministres si violemment accusés par tous les partis, et quel principe les dirige? c'est ce que je laisse à décider aux gens sages; je ne suis que le rapporteur de cette grande affaire, et je dirai toujours aux accusateurs comme aux juges, aux pamphlétaires comme aux écrivains raisonnables : rendez-vous compte de l'état où le Ministère actuel a pris notre malheureuse France, et de celui où il l'a portée, et prononcez après sans passion.

Mais, quel que soit votre jugement, n'entretenez pas le feu des passions ; que vos discussions ne dégénèrent jamais en dissentions civiles ; et, dans les tribunes comme dans les écrits, n'oubliez jamais cette leçon politique qui m'a servi d'épigraphe : *Concordià res parvæ crescunt, discordiâ magnæ dilabuntur* (1).

____

(1) L'union fait prospérer les plus petits États, la discorde anéantit les plus grands.